Du 20. Avril 1744

ORDONNANCE
DU ROY,

Portant règlement pour le payement des Troupes
de Sa Majesté pendant la campagne prochaine.

Du 20. Avril 1744.

DE PAR LE ROY.

SA MAJESTE' voulant régler le traitement qui sera fait à ses troupes pendant
la campagne prochaine, soit dans ses
armées ou dans les garnisons, a ordonné
& ordonne que, conformément aux états
qu'Elle fera expédier, il sera fourni du
fourrage, lorsqu'il n'y aura pas occasion de fourrager sur
le pays, & du pain de munition, aux Officiers d'Infanterie
françoise, des troupes de Cavalerie de la maison du Roy,
des régimens de Cavalerie, de Carabiniers, de Hussards
& de Dragons, & aux Brigadiers, Sous-brigadiers, Gardes-
du-corps, Gendarmes, Chevaux-légers, Mousquetaires,
Grenadiers à cheval, Carabiniers, Cavaliers, Hussards &
Dragons ; & du pain de munition seulement aux Sergens
& Soldats de ses troupes, tant françoises qu'étrangères ;

FOURRAGE
&
PAIN
de munition.

A

qui ferviront dans les armées de Sa Majefté, à commencer des jours qu'elles fe mettront en campagne en corps d'armée, depuis le premier mai 1744. jufqu'au dernier du mois d'octobre prochain, fur le pied des revûes : Sa Majefté voulant qu'il en foit fait régulièrement trois pendant la campagne, aux troupes des armées, par les Commiffaires des guerres, avec les Directeurs ou Infpecteurs généraux où il s'en trouvera ; la première dans le mois de mai, la feconde dans le mois de juillet, & la troifième dans le mois de feptembre.

ARTICLE PREMIER.

GARDES-FRANÇOISES & SUISSES.

LES compagnies des régimens des Gardes-françoifes & Suiffes feront payées de leur folde ordinaire, fur laquelle il fera retenu deux fols pour chaque ration de pain de munition qui leur fera fournie, & les Officiers de l'Etatmajor de chacun defdits régimens recevront leurs appointemens fuivant les états qui feront expédiez.

II.

INFANTERIE FRANÇOISE.

Compagnies de Grenadiers.

LES troupes de ladite Infanterie françoife, outre le pain de munition qui fera fourni aux Officiers & Soldats, feront payées pendant qu'elles feront en campagne, fçavoir, chaque compagnie de Grenadiers, compofée de quarante-cinq hommes, fur le pied par jour de dix fols au Capitaine, huit fols au Lieutenant, fix fols au Sous-lieutenant, fix fols à chacun des deux Sergens, trois fols neuf deniers à chacun des trois Caporaux, trois fols fix deniers à chacun des trois Anfpeffades, trois fols à chacun des trente-fix Grenadiers & un Tambour, & deux fols pour chacune des trois payes de gratification que le Capitaine touchera par jour lorfque fa compagnie fe trouvera de quarante-quatre ou quarante-cinq hommes ; deux defdites payes la compagnie étant à quarante-un, quarante-deux ou quarante-trois ; une feulement à quarante, & rien au deffous dudit nombre de quarante hommes.

Du 20. Avril 1744.

Les seize compagnies de Fusiliers, de quarante hommes, *Compagnies de Fusiliers,* qui sont en chaque bataillon, servant en campagne, seront payées sur le pied par jour de huit sols au Capitaine, six sols au Lieutenant, cinq sols à chacun des deux Sergens, trois sols trois deniers à chacun des trois Caporaux, trois sols à chacun des trois Anspessades, & deux sols six deniers à chacun des trente-un Fusiliers & un Tambour : le Capitaine aura de plus cinq payes de gratification de cinq sols chacune par jour, sa compagnie étant au complet de quarante hommes; trois desdites payes à trente-cinq, trente-six, trente-sept, trente-huit & trente-neuf; & deux seulement lorsqu'elle ne sera qu'à trente, trente-un, trente-deux, trente-trois & trente-quatre, sans qu'il puisse en prétendre aucune, sa compagnie étant au-dessous du nombre de trente hommes.

Les cinq hommes surnuméraires que Sa Majesté veut *Soldats surnuméraires du régiment du Roi.* bien entretenir au delà du complet en chacune des soixante-huit compagnies de son régiment d'Infanterie, sans tirer à conséquence pour les autres régimens, seront payez sur le pied par jour de trois sols à chaque Grenadier, & de deux sols six deniers à chaque Fusilier qui sera présent aux revûes des Commissaires ordinaires des guerres, jusqu'audit nombre de cinq par compagnie, sans que cela produise aucune augmentation dans les hautes payes, ni dans les payes de gratification desdites compagnies.

L'intention de Sa Majesté est qu'au moyen de la solde *Linge & Chaussure.* réglée par la présente ordonnance, aux Sergens, Caporaux, Anspessades, Grenadiers, Soldats & Tambours, ils soient obligez de s'entretenir de linge & de chaussure.

L'Enseigne qui est en chacune des compagnies Colo- *Enseignes & Lieutenans en second, conservez avec appointemens.* nelle & Lieutenante-colonelle, le Lieutenant en second conservé dans la troisième compagnie de Fusiliers des bataillons Colonels de chaque régiment, & les trois Lieutenans en second aussi conservez dans les trois premières compagnies de Fusiliers, des second, troisième & quatrième bataillons desdits régimens, seront payez sur le pied par jour, sçavoir, chaque Enseigne, de cinq sols;

A ij

& chaque Lieutenant en second, de quatre fols.

E tat-major des régimens d'Infanterie françoife.

Les Officiers de l'Etat-major de chaque régiment avec prévôté, ou fans prévôté, feront payez fur le pied par jour de huit fols au Colonel, fix fols au Lieutenant-colonel, outre leurs appointemens de Capitaine, huit fols au Major, fix fols à l'Aide-major, quatre fols au Maréchal-des-logis, & deux fols fix deniers à chacun des Aumônier & Chirurgien.

Prévôté.

Les Officiers de la prévôté des régimens où il y a prévôté, fervant dans les armées, feront payez fur le pied par jour de cinq fols au Prévôt, deux fols fix deniers à fon Lieutenant, deux fols au Greffier, & un fol à chacun des cinq archers & à l'exécuteur de juftice.

Commandans & Aide-majors de bataillon.

Les Commandans des fecond, troifième & quatrième bataillons des régimens où il y en a ce nombre, feront payez fur le pied de fix fols chacun par jour, outre leurs appointemens de Capitaine; & pareils fix fols auffi par jour à l'Aide-major qui eft en chacun defdits bataillons, même le cinquième qui eft dans le premier bataillon du régiment du Roy.

Officiers réformez.

Les Officiers réformez qui fervent à la fuite des régimens d'infanterie françoife, feront payez, lorfque les régimens feront en campagne, fur le pied par jour de neuf fols à chaque Colonel, huit fols à chaque Lieutenant-Colonel, cinq fols à chaque Capitaine, & trois fols à chaque Lieutenant.

I I I.

RÉGIMENT ROYAL-ARTILLERIE.

Compagnies de Sappeurs.

Les huit compagnies de chacun des cinq bataillons du régiment Royal-Artillerie, de cent hommes chacune, fervant dans les armées, feront payées fur le pied par jour, fçavoir, celle de Sappeurs compofée du Capitaine en pied, d'un Capitaine en fecond, d'un premier Lieutenant, d'un Lieutenant en fecond, deux Sous-lieutenans, deux Cadets, quatre Sergens, deux Tambours, quatre Caporaux, quatre Anfpeffades & quatre-vingt-quatre Sappeurs, de vingt-huit fols au Capitaine en pied, vingt-deux fols au Capitaine en fecond, vingt fols au premier Lieutenant, dix-

huit

huit fols au Lieutenant en fecond, quatorze fols à chacun des deux Sous-Lieutenans, dix fols à chacun des deux Cadets, neuf fols dix deniers à chacun des quatre Sergens, fept fols à chacun des quatre Caporaux, fix fols à chacun des quatre Anfpeffades, cinq fols à chacun de dix-huit des quatre-vingt-quatre Sappeurs, trois fols fix deniers à chacun des foixante-fix autres Sappeurs, & cinq fols à chacun des deux Tambours : il fera accordé en outre cinq fols pour chacune des dix payes de gratification que Sa Majefté accorde au Capitaine, fur le pied des gradations portées ci-après pour les compagnies de Canonniers & Bombardiers.

Les cinq compagnies de Canonniers, compofées chacune d'un Capitaine en pied, d'un Capitaine en fecond, d'un premier Lieutenant, un Lieutenant en fecond, deux Sous-lieutenans, deux Cadets, quatre Sergens, deux Tambours, quatre Caporaux, quatre Anfpeffades & quatre-vingt-quatre Canonniers, feront payées fur le pied par jour, fçavoir, de vingt-huit fols au Capitaine en pied, vingt-deux fols au Capitaine en fecond, vingt fols au premier Lieutenant, dix-huit fols au Lieutenant en fecond, quatorze fols à chacun des deux Sous-lieutenans, dix fols à chacun des deux Cadets, neuf fols dix deniers à chacun des quatre Sergens, fept fols à chacun des quatre Caporaux, fix fols à chacun des quatre Anfpeffades, cinq fols à chacun de dix-huit des quatre-vingt-quatre Canonniers, trois fols fix deniers à chacun de dix-huit autres, trois fols à chacun des quarante-huit Canonniers reftans, & cinq fols à chacun des deux Tambours : Il fera accordé de plus cinq fols pour chacune des dix payes de gratification, fur le pied des gradations portées par l'article ci-après.

Compagnies de Canonniers.

Les deux compagnies de Bombardiers de chaque bataillon, compofées chacune d'un Capitaine en pied, un Capitaine en fecond, un premier Lieutenant, un Lieutenant en fecond, deux Sous-lieutenans, deux Cadets, quatre Sergens, deux Tambours, quatre Caporaux, quatre Anfpeffades, feize Artificiers-bombardiers, & foixante

Compagnies de Bombardiers.

B

huit Bombardiers, feront payées par jour, fçavoir, vingt-huit fols au Capitaine en pied, vingt-deux fols au Capitaine en fecond, vingt fols au premier Lieutenant, dix-huit fols au Lieutenant en fecond, quatorze fols à chacun des deux Sous-lieutenans, dix fols à chacun des deux Cadets, neuf fols dix deniers à chacun des quatre Sergens, fept fols à chacun des quatre Caporaux, fix fols à chacun des quatre Anfpeffades, fept fols à chacun de quatre des feize Artificiers-bombardiers, fix fols à chacun de fix autres, & cinq fols à chacun des fix autres Artificiers-bombardiers; Entendant Sa Majefté que l'augmentation de paye foit donnée feulement à ceux d'entreux qui fe diftingueront par leur zèle & capacité dans le métier, & non à la fimple ancienneté du fervice: cinq fols à chacun de douze des foixante-huit Bombardiers, trois fols fix deniers à chacun de douze autres, trois fols à chacun des quarante-quatre Bombardiers reftans, & cinq fols à chacun des deux Tambours.

Payes de gratification. Il fera de plus donné cinq fols pour chacune des dix payes de gratification que Sa Majefté accorde au Capitaine de chaque compagnie de Sappeurs, de Canonniers & de Bombardiers, fa compagnie étant de quatre-vingt-quinze hommes jufqu'à cent; huit defdites payes de quatre-vingt-dix à quatre-vingt-quatorze, fix de quatre-vingt-cinq à quatre-vingt neuf, quatre de quatre-vingt à quatre-vingt-quatre, deux de foixante-quinze à foixante-dix-neuf, & une feulement de foixante-dix à foixante-quatorze, le Capitaine n'en pouvant prétendre aucune, fa compagnie étant au deffous dudit nombre de foixante-dix hommes.

E'tat-major des bataillons du régiment Royal-Artillerie. L'E'tat-major de chacun defdits bataillons fera payé à raifon par jour de vingt-huit fols au Lieutenant-Colonel, outre fes appointemens de Capitaine, trois livres au Major, quarante fols à l'Aide-major, & quatre fols à chacun des Aumônier & Chirurgien.

Il fera payé cinq livres par jour au Colonel-Lieutenant dudit régiment, fçavoir, cinquante-cinq fols pour fes appointemens en ladite qualité, & quarante-cinq fols pour lui tenir lieu de la prévôté que Sa Majesté a jugé à propos de fupprimer, ainsi que le Maréchal-des-logis, pour lequel traitement il fera expédié des ordonnances particulières payables à Paris.

Chacune des cinq compagnies de Mineurs qui fervi- *Mineurs.*
ront en campagne, féparément ou avec lefdits bataillons, compofée de cinquante hommes, outre le pain de munition fourni aux Officiers & Soldats, fera payée à raifon de cinq livres treize fols par jour au Capitaine, deux livres deux fols au premier Lieutenant, trente-quatre fols au fecond Lieutenant, vingt-quatre fols à chacun des deux Sous-lieutenans, feize fols fix deniers à chacun des trois Sergens, douze fols fix deniers à chacun des trois Capo-raux, neuf fols fix deniers à chacun des trois Anfpeffades, dix fols à chacun des deux Cadets, huit fols fix deniers à chacun des feize Mineurs, cinq fols à chacun des vingt-deux Apprentifs, fept fols fix deniers au Tambour, & fept fols pour chacune des cinq payes de gratification que le Roy accorde au Capitaine; fa compagnie étant de qua-rante-fept & au deffus, jufqu'au complet de cinquante hommes; quatre à quarante-cinq & quarante-fix, trois à quarante-trois & quarante-quatre, deux à quarante-un & quarante-deux, une feulement à quarante, & rien au deffous dudit nombre de quarante hommes.

Chacune des cinq compagnies d'Ouvriers fervant en *Ouvriers.*
campagne, féparément ou avec lefdits bataillons, com-pofée de quarante hommes, outre le pain de munition fourni aux Officiers & Soldats, fera payée fur le pied de cinq livres huit fols par jour au Capitaine, trente-deux fols au premier Lieutenant, vingt-fept fols au fecond Lieutenant, feize fols à chacun des trois Maîtres-ouvriers, pareils feize fols à chacun des trois Sous-maîtres-ouvriers, treize fols à chacun des feize Ouvriers, dix fols à chacun des neuf autres Ouvriers, huit fols à chacun des huit Apprentifs & au Tambour; & dix fols pour chacune des quatre payes de gratification accordées au Capitaine, fa compagnie étant à trente-huit hommes & au deffus,

B ij

jufqu'au complet de quarante; trois defdites payes à trente-fix & trente-fept, deux à trente-quatre & trente-cinq, une à trente-trois, & rien au deffous dudit nombre de trente-trois hommes.

Sa Majefté voulant continuer aux nommez Dauphiné & la Baftide Mineurs, la même folde qu'ils avoient anciennement dans les compagnies de Valliere & de de Lorme, jufqu'à ce qu'ils parviennent à d'autres grades équivalens; fon intention eft qu'au lieu de douze fols fix deniers ci-deffus ordonnez aux Caporaux des compagnies de Mineurs, & de huit fols fix deniers à chacun des feize Mineurs, il foit payé vingt fols par jour audit Dauphiné Caporal dans la compagnie de Turmel, & quinze fols auffi par jour audit la Baftide Mineur dans la compagnie de de Lorme.

Les compagnies franches d'Infanterie de Bock, Sertel, Galhau, Duchemin, Pauly, la Harte, la Croix & Jacob, compofées de cent cinquante hommes chacune, lefquelles par l'ordonnance du 30 avril 1743. avoient été réduites à la demi-folde pour la campagne de ladite année, continueront à recevoir celle qui leur eft réglée par l'ordonnance du premier novembre 1743. fur laquelle il fera retenu deux fols pour chaque ration de pain fournie aux Sergens & Soldats feulement; les Officiers n'en devant point avoir, fi ce n'eft en le payant au prix du Roy.

La compagnie de Bruck, compofée de cinquante Fufiliers-guides, continuera auffi de recevoir la folde qui lui eft réglée par ladite ordonnance du premier novembre 1743. fur laquelle il fera retenu deux fols pour chaque ration de pain fournie aux Sergens & Soldats feulement; les Officiers n'en devant point avoir, fi ce n'eft en le payant au prix du Roy.

La compagnie franche de Chaffeurs de Fifcher, de foixante hommes, dont quarante-cinq à pied, & quinze à cheval, levée par ordonnance du premier novembre 1743. outre foixante rations de pain qui feront fournies par jour pendant que cette troupe fervira en campagne,

&

Du 20. Avril 1744.

& six rations de fourrage par jour au Capitaine, deux à chacun des deux Lieutenans, & une au Maréchal-des-logis & à chacun des quinze hommes à cheval, lorfqu'il n'y aura pas occafion de fourrager fur le pays, fera payée fur le pied de cinq livres par jour au Capitaine, quarante fols à chacun des deux Lieutenans, vingt-cinq fols au Maréchal-des-logis, vingt fols à chacun des quatre Sergens, feize fols à chacun des quatre Caporaux, quatorze fols à chacun des quatre Anfpeffades, & dix fols à chacun des quarante-huit Chaffeurs, en paffant préfens aux revûes des Commiffaires des guerres.

A l'égard des Officiers réformez entretenus à la fuite defdites compagnies franches, ils feront payez, fçavoir, chaque Capitaine fur le pied par jour de quinze fols, & chaque Lieutenant fur celui de huit fols quatre deniers, en paffant préfens aux revûes des Commiffaires ordinaires des guerres.

Le régiment d'Arquebufiers de Graffin, de douze cens hommes, dont neuf cens à pied & trois cens à cheval, levé par ordonnance du premier janvier 1744. les neuf cens à pied formant neuf compagnies de cent hommes chacune, commandées par un Capitaine, avec un premier Lieutenant & un Lieutenant en fecond, compofées de quatre Sergens, un Fourrier, un Capitaine d'armes, deux Cadets, quatre Caporaux, quatre Anfpeffades, dix Gre-nadiers, & foixante-quatorze Arquebufiers, y compris deux Tambours, continueront d'être payez fur le pied, fçavoir, de cinq livres par jour au Capitaine, trente fols au premier Lieutenant, vingt fols au Lieutenant en fecond, onze fols à chacun des quatre Sergens, dix fols au Fourrier, neuf fols au Capitaine d'armes, dix fols à chacun des deux Cadets, fept fols fix deniers à chacun des quatre Caporaux, fix fols fix deniers à chacun des quatre Anf-peffades & dix Grenadiers, & cinq fols fix deniers à chacun des foixante-quatorze Arquebufiers, y compris deux Tambours. Il fera de plus accordé au Capitaine huit payes de gratification, de cinq fols fix deniers chacune,

C

ſa compagnie étant au nombre de cent hommes, ſept de quatre-vingt-quinze à quatre-vingt-dix-neuf, ſix de quatre-vingt-dix à quatre-vingt-quatorze, cinq de quatre-vingt-cinq à quatre-vingt-neuf, & quatre ſeulement de quatre-vingt à quatre-vingt-quatre; le Capitaine n'en devant prétendre aucune, ſa compagnie étant au deſſous dudit nombre de quatre-vingt.

Compagnies à cheval.

Les trois cens hommes à cheval, formant ſix compagnies de cinquante hommes chacune, commandées par un Capitaine, avec un Lieutenant, un Cornette, & un Maréchal-des-logis, compoſées de trois Brigadiers & quarante-ſept Arquebuſiers, y compris un Trompette ou Tambour, continueront d'être payez ſur le pied par jour, ſçavoir, de ſix livres au Capitaine, trois livres au Lieutenant, quarante-cinq ſols au Cornette, vingt-ſix ſols huit deniers au Maréchal-des-logis, neuf ſols à chacun des Brigadiers, & ſept ſols à chacun des quarante-ſept Arquebuſiers, compris le Trompette ou Tambour.

Ordonne Sa Majeſté qu'il ſoit entretenu ſur pied dans chacune des compagnies Colonelle & Lieutenante-colonelle d'Infanterie & de Cavalerie dudit régiment, un Capitaine en ſecond ou réformé, pour les commander en l'abſence du Colonel & du Lieutenant-colonel, auxquels Capitaines il ſera payé par mois, ſçavoir, à ceux des compagnies d'Infanterie, quarante-cinq livres, & à ceux de Cavalerie, ſoixante-ſept livres dix ſols, en paſſant préſens aux revûes des Commiſſaires des guerres.

E'tat-major.

Quant à l'E'tat-major dudit régiment, il ſera payé au Colonel trois livres ſix ſols huit deniers par jour, quarante ſols au Lieutenant-colonel, outre les appointemens qu'ils toucheront comme Capitaines, ſix livres au Major, trois livres à chacun des deux Aide-majors, trente ſols à l'Aumônier, & vingt ſols au Chirurgien.

Veut Sa Majeſté que ce régiment ne ſoit point aſſujetti en campagne à prendre le pain & la viande, & qu'il ait cependant la faculté d'en prendre aux retenues ordinaires ſur la ſolde.

Du 20. Avril 1744.

Si Sa Majesté jugeoit à propos de-faire servir en cam- MILICES.
pagne quelques bataillons de milice, ils continueront à
recevoir la solde qui leur a été réglée par l'ordonnance du
premier novembre 1743. sur laquelle il sera retenu deux
sols pour chaque ration de pain fournie aux Sergens &
Soldats, les Officiers n'en devant point avoir, si ce n'est
en le payant au prix du Roy.

Le régiment Royal-Lorraine que Sa Majesté a agréé ROYAL-
par ordonnance du 30. janvier 1744. du consentement LORRAINE.
du Roy Stanislas de Pologne, Duc de Lorraine & de Bar,
qu'il soit formé de trois bataillons, chacun de neuf compagnies, dont une de Grenadiers de cinquante hommes,
& huit de Fusiliers de soixante-quinze hommes chacune,
tirez des neuf bataillons des Milices de Lorraine & de
Bar, continuera d'être payé sur le pied par jour, sçavoir :

Chaque compagnie de Grenadiers, de sept livres au Compagnies
Capitaine, quatre livres au Capitaine en second, quarante de Grenadiers.
sols au Lieutenant en premier, trente-cinq sols au Lieutenant en second, douze sols à chacun des trois Sergens,
huit sols six deniers à chacun des trois Caporaux, sept sols
six deniers à chacun des trois Anspessades, & six sols six
deniers à chacun des quarante Grenadiers & un Tambour.

Chaque compagnie de Fusiliers sera payée sur le pied Compagnies
par jour, de six livres au Capitaine, trois livres dix sols de Fusiliers.
au Capitaine en second, trente-cinq sols au Lieutenant
en premier, trente sols au Lieutenant en second, onze
sols à chacun des quatre Sergens, sept sols six deniers à
chacun de six Caporaux, six sols six deniers à chacun des
six Anspessades, & cinq sols six deniers à chacun des cin-
quante-sept Fusiliers & deux Tambours.

Il sera payé aussi par jour trente sols à chacun des neuf Enseignes.
Enseignes qui seront dans les trois premières compagnies
de Fusiliers desdits bataillons.

L'Etat-major dudit régiment sera composé & payé, E'tat-major.
sçavoir, six livres par jour au Colonel, quatre livres au
Lieutenant-Colonel, quarante sols à chacun des Commandans des deuxième & troisième bataillons, outre les

appointemens qu'ils touchent en qualité de Capitaines; six livres au Major, trois livres dix fols à chacun des trois Aide-majors, vingt fols au Maréchal-des-logis, dix fols à l'Aumônier, pareille fomme au Chirurgien, vingt-fix fols huit deniers au Prévôt, treize fols quatre deniers à fon Lieutenant, huit fols quatre deniers au Greffier, & cinq fols à chacun des cinq archers & à l'exécuteur.

Maffe.   Outre la folde ci-deffus, il fera fait un fonds pour la Maffe fur le pied complet, à raifon de vingt deniers par jour pour chaque Sergent, & de dix deniers pour chaque Caporal, Anfpeffade, Grenadier, Fufilier & Tambour.

Ordonne Sa Majefté que quoique ce régiment doive être à la paye de garnifon toute l'année, il ait la faculté en campagne, de prendre le pain de munition, aux retenues ordinaires fur la folde.

I V.

INFANTERIE ÉTRANGERE.

SUISSES & GRISONS. Compagnies.   LES compagnies des régimens Suiffes & Grifons qui ont été mis à la folde de guerre par ordonnances particulières des 10. juillet, 16. octobre 1742. 19. mars & 22. feptembre 1743. continueront de la recevoir jufqu'à ce que Sa Majefté en ordonne autrement, fur le pied de dix-fept livres huit fols par mois pour chaque homme & pour chacune des vingt-fept payes de gratification que Sa Majefté accorde au Capitaine, fa compagnie étant du nombre de cent foixante-fix hommes & au deffus, jufqu'à cent foixante-quinze, les Officiers compris, dix-fept defdites payes, lorfqu'elle fera de cent cinquante-cinq jufqu'à cent foixante-cinq, feize depuis cent quarante-cinq jufqu'à cent cinquante-quatre inclufivement : Et s'il arrivoit que la compagnie fe trouvât au deffous de cent quarante-cinq hommes, elle ne fera payée que pour les effectifs, fans payes de gratification au Capitaine ; fur laquelle folde il leur fera retenu deux fols pour chacune des rations de pain qui feront fournies auxdites compagnies, fuivant les

revûes

(Du 20. Avril 1744.
13

revûes des Commiffaires des guerres prépofez à cet effet.

L'Etat-major de chacun defdits régimens Suiffes & Grifons, continuera à être payé en conféquence des ordonnances ci-deffus, à raifon de dix-neuf cens foixante livres huit fols par mois. *Etat-major.*

Les Officiers entretenus à la fuite defdits régimens, continueront à recevoir leurs appointemens en conformité de l'ordonnance du premier novembre 1743. & de l'état y joint, en paffant préfens aux revûes des Commiffaires des guerres.

Les vingt-quatre compagnies qui compofent les quatre bataillons du régiment d'Alface, les dix-huit des trois bataillons de chacun des régimens d'Infanterie allemande, de Saxe, la Marck, Royal-Suédois, Royal-Bavière, & les douze qui compofent les deux bataillons du régiment d'Infanterie allemande de Lowendal, levé par ordonnance particulière du premier feptembre 1743. de cent dix hommes chacune, & les Etats-majors defdits régimens; feront payez de leur folde en campagne fur le pied de celle qui leur eft réglée par ladite ordonnance du premier feptembre 1743. & celle du premier novembre fuivant, fur laquelle folde il fera déduit à chaque compagnie, deux fols par ration de pain qui leur fera fournie pendant la campagne feulement, fans que les Officiers foient obligez d'en prendre. ALLEMANDS.

Les Colonels & Lieutenans-colonels réformez, entretenus à la fuite defdits régimens, feront payez fur le pied chacun de cent trente-fix livres dix-fept fols fix deniers par mois, à l'exception de ceux auxquels il a été expédié des ordres par lefquels il leur eft réglé un traitement particulier, dont ils continueront de jouir. *Colonels & Lieutenans-colonels réformez.*

A l'égard des Capitaines & Lieutenans réformez, entretenus à la fuite defdits régimens, ils continueront d'être payez en conformité de l'ordonnance du premier mai 1737. & de l'état y joint. *Capitaines & Lieutenans réformez.*

Le régiment Royal-Italien, compofé de douze compagnies de cinquante hommes chacune, fera payé lorfqu'il *RÉGIMENT ROYAL-ITALIEN.*

D

Compagnie
de Grenadiers.

servira en campagne, sçavoir, la compagnie de Grenadiers sur le pied de trois livres par jour au Capitaine, trente-deux sols au Lieutenant, vingt sols au Sous-lieutenant, huit sols six deniers à chacun des trois Sergens, six sols à chacun des trois Caporaux, cinq sols à chacun des cinq Anspessades & un Tambour, & quatre sols à chacun des trente-huit Grenadiers : le Capitaine aura en outre sept payes de gratification de quatre sols chacune, lorsque sa compagnie sera au complet de cinquante hommes, cinq lorsqu'elle se trouvera à quarante-cinq, quarante-six, quarante-sept, quarante-huit & quarante-neuf, & trois desdites payes à quarante-deux, quarante-trois & quarante-quatre hommes, n'en pouvant prétendre aucune sa compagnie étant au dessous du nombre de quarante-deux hommes.

Compagnies
de Fusiliers.

Chacune des onze compagnies de Fusiliers dudit régiment, sera payée sur le pied par jour de cinquante sols au Capitaine, vingt sols au Lieutenant, quinze sols à l'Enseigne, huit sols à chacun des trois Sergens, cinq sols dix deniers à chacun des trois Caporaux, quatre sols six deniers à chacun des cinq Anspessades & un Tambour, trois sols neuf deniers à chacun des dix Appointés, & trois sols six deniers à chacun des vingt-huit Fusiliers : le Capitaine aura en outre sept payes de gratification, de trois sols six deniers chacune, sa compagnie étant à quarante-huit, quarante-neuf & cinquante hommes, cinq lorsqu'elle sera à quarante-cinq, quarante-six & quarante-sept ; trois desdites payes lorsqu'elle se trouvera à quarante-deux, quarante-trois & quarante-quatre hommes, n'en pouvant prétendre aucune sa compagnie étant au dessous du nombre de quarante-deux hommes.

E'tat-major
& Prévôté du
régiment Royal-
Italien.

L'E'tat-major dudit régiment sera payé en campagne sur le pied par jour de huit livres six sols huit deniers au Colonel, quarante sols au Lieutenant-colonel, outre leurs appointemens de Capitaine, cinq livres au Major, pareilles cinq livres à l'Interprète, trente sols à l'Aide-major, quinze sols au Maréchal-des-logis, vingt sols à l'Aumônier, sept sols six deniers au Chirurgien, vingt

Du 20. Avril 1744.

ſols au Prévôt, dix ſols à ſon Lieutenant, ſix ſols trois deniers au Greffier, quatre ſols deux deniers à chacun des cinq archers & à l'exécuteur de juſtice, & cinq ſols au Tambour-major.

Les Officiers réformez entretenus à la ſuite dudit régiment, feront payez ſur le pied par jour de trois livres à chaque Colonel, quarante ſols à chaque Lieutenant-colonel, vingt-cinq ſols à chaque Capitaine, & quinze ſols à chaque Lieutenant.

Officiers réformez du régiment Royal-Italien.

Le régiment Royal-Corſe, compoſé de douze compagnies de cinquante hommes chacune, ſera payé lorſqu'il ſervira en campagne, ſçavoir, la compagnie de Grenadiers ſur le pied par jour de trois livres au Capitaine, trente-deux ſols au Lieutenant, vingt ſols au Sous-lieutenant, huit ſols ſix deniers à chacun des deux Sergens, ſix ſols à chacun des trois Caporaux, cinq ſols à chacun des cinq Anſpeſſades & un Tambour, & quatre ſols à chacun des trente-neuf Grenadiers: le Capitaine aura en outre cinq payes de gratification, de quatre ſols chacune, ſa compagnie étant au complet de cinquante hommes, quatre à quarante-cinq, quarante-ſix, quarante-ſept, quarante-huit & quarante-neuf, trois deſdites payes à quarante, quarante-un, quarante-deux, quarante-trois & quarante-quatre, & rien au deſſous du nombre de quarante hommes.

RÉGIMENT ROYAL-CORSE. Compagnie de Grenadiers.

Chacune des onze compagnies de Fuſiliers dudit régiment, ſera payée ſur le pied par jour de cinquante ſols au Capitaine, vingt ſols au Lieutenant, quinze ſols à l'Enſeigne, huit ſols à chacun des deux Sergens, cinq ſols dix deniers à chacun des trois Caporaux, quatre ſols ſix deniers à chacun des cinq Anſpeſſades & un Tambour, trois ſols neuf deniers à chacun des dix Appointés, & trois ſols ſix deniers à chacun des vingt-neuf Fuſiliers: le Capitaine recevra en outre cinq payes de gratification, de trois ſols ſix deniers chacune, ſa compagnie étant à quarante-ſix, quarante-ſept, quarante-huit, quarante-neuf & cinquante hommes; quatre à quarante-cinq, trois deſdites

Compagnies de Fuſiliers.

payes à quarante, quarante-un, quarante-deux, quarante-trois & quarante-quatre hommes, & rien au deſſous du nombre de quarante hommes.

Étát-major du régiment Royal-Corſe, ſans Prévôté. L'État-major dudit régiment ſervant en campagne, ſera payé ſur le pied par jour, de huit livres ſix ſols huit deniers au Colonel, trente ſols au Lieutenant-colonel, outre leurs appointemens de Capitaine, quatre livres au Major, trente ſols à l'Aide-major, quinze ſols au Maréchal-des-logis, vingt ſols à l'Aumônier, ſept ſols ſix deniers au Chirurgien, & cinq ſols au Tambour-major.

Officiers réfor-mez du régiment Royal-Corſe. Les Officiers réformés que Sa Majeſté jugera à propos d'entretenir à la ſuite dudit régiment, ſeront payez de leurs appointemens ſur le pied par jour de trois livres à chaque Colonel, quarante ſols à chaque Lieutenant-colonel, vingt-cinq ſols à chaque Capitaine, & quinze ſols à chaque Lieutenant.

IRLANDOIS. *BULKELEY. CLARE & DILLON. Compagnie de Grenadiers.* Les régimens Irlandois de Bulkeley, Clare & Dillon, ſervant en campagne, compoſez chacun d'un bataillon de dix-ſept compagnies, ſeront payez, ſçavoir, la compagnie de Grenadiers de quarante-cinq hommes, ſur le pied par jour de trois livres au Capitaine en pied, cinquante ſols au Capitaine réformé, trente-cinq ſols au Lieutenant en pied, dix-huit ſols au Lieutenant réformé, huit ſols à chacun des deux Sergens, cinq ſols à chacun des trois Caporaux, quatre ſols ſix deniers à chacun des trois Anſpeſſades, & quatre ſols à chacun des trente-ſix Grenadiers & un Tambour; & le Capitaine recevra en outre trois payes de gratification de trois ſols ſix deniers chacune, ſa compagnie étant de quarante-quatre ou quarante-cinq hommes, deux deſdites payes à quarante-un, quarante-deux & quarante-trois, une ſeulement à quarante, & rien au deſſous dudit nombre de quarante hommes.

Compagnies de Fuſiliers. Chacune des ſeize compagnies de Fuſiliers, compoſée de quarante hommes, ſera payée ſur le pied par jour de cinquante ſols au Capitaine en pied, pareils cinquante ſols au Capitaine réformé, vingt-deux ſols ſix deniers au Lieutenant en pied, dix-huit ſols au Lieutenant réformé,

ſept

Du 20. Avril 1744.

17

sept sols à chacun des deux Sergens, quatre sols six deniers à chacun des trois Caporaux, quatre sols à chacun des trois Anspessades, trois sols six deniers à chacun des trente-un Fusiliers & un Tambour; & trois sols pour chacune des trois payes de gratification que le Capitaine recevra, sa compagnie étant au complet de quarante hommes, deux à trente-cinq, trente-six, trente-sept, trente-huit & trente-neuf, & rien au dessous du nombre de trente-cinq hommes.

Outre les Officiers ci-dessus, l'Enseigne qui est en chacune des compagnies Colonelle & Lieutenante-colonelle desdits régimens, recevra dix-huit sols par jour. *Enseignes.*

L'Etat-major de chacun desdits régimens, sera payé à raison de six livres treize sols quatre deniers par jour au Colonel, vingt-deux sols six deniers au Lieutenant-colonel, outre leurs appointemens de Capitaine, trois livres six sols huit deniers au Major, cinq livres à l'Interprète, trente sols à l'Aide-major, vingt sols à l'Aumônier, & quinze sols à chacun des Chirurgien & Maréchal-des-logis. *Etat-major.*

Les Officiers réformez entretenus à la suite desdits régimens, seront payez sur le pied par jour de trois livres dix sols à chaque Colonel ou Lieutenant-colonel, cinquante sols à chaque Capitaine, & dix-huit sols à chaque Lieutenant. *Officiers réformez à la suite des trois régimens.*

Les régimens Irlandois de Roth & Berwick, servant en campagne, composez chacun d'un bataillon de dix-sept compagnies, seront payez, sçavoir, la compagnie de Grenadiers de quarante-cinq hommes, sur le pied par jour de quarante-sept sols six deniers au Capitaine en pied, trente-sept sols six deniers au Capitaine réformé, vingt-cinq sols six deniers au Lieutenant en pied, seize sols trois deniers au Lieutenant réformé, sept sols à chacun des deux Sergens, cinq sols à chacun des trois Caporaux, quatre sols six deniers à chacun des trois Anspessades, & quatre sols à chacun des trente-six Grenadiers & un Tambour: le Capitaine recevra en outre trois payes de gratification, de trois sols six deniers chacune, sa compagnie étant à *ROTH & BERWICK. Compagnie de Grenadiers.*

E

quarante-quatre ou quarante-cinq hommes, deux defdites payes à quarante-un, quarante-deux & quarante-trois, & une feulement à quarante, & rien au deffous dudit nombre de quarante hommes.

Compagnies de Fufiliers. Chacune des feize compagnies de Fufiliers, compofée de quarante hommes, fera payée fur le pied par jour de trente-fept fols fix deniers au Capitaine en pied, pareils trente-fept fols fix deniers au Capitaine réformé, feize fols trois deniers au Lieutenant en pied, pareils feize fols trois deniers au Lieutenant réformé, fept fols à chacun des deux Sergens, quatre fols fix deniers à chacun des trois Caporaux, quatre fols à chacun des trois Anfpeffades, trois fols fix deniers à chacun des trente-un Fufiliers & un Tambour, & trois fols pour chacune des trois payes de gratification que Sa Majefté accorde au Capitaine, fa compagnie étant au complet de quarante hommes, deux à trente-cinq, trente-fix, trente-fept, trente-huit & trente-neuf, & rien au deffous du nombre de trente-cinq hommes.

Enfeignes. Outre les Officiers ci-deffus, l'Enfeigne qui eft en chacune des compagnies Colonelle & Lieutenante-colonelle defdits régimens, fera payé fur le pied de douze fols neuf deniers par jour.

Etat-major L'Etat-major de chacun defdits régimens fera payé fur le pied par jour de trois livres quinze fols au Colonel, feize fols trois deniers au Lieutenant-colonel, outre leurs appointemens de Capitaine; quarante-cinq fols dix deniers au Major, vingt-trois fols quatre deniers à l'Aide-major, douze fols fix deniers à chacun des Maréchal-des-logis & Aumônier, dix fols au Chirurgien, treize fols quatre deniers au Prevôt, fix fols huit deniers à fon Lieutenant, quatre fols deux deniers au Greffier, & deux fols fix deniers à chacun des cinq archers & à l'exécuteur de juftice.

Officiers réformez à la fuite des deux régimens. Les Officiers réformez entretenus à la fuite defdits régimens, feront payez comme les Officiers en pied, fur le pied par jour de trente-fept fols fix deniers à chaque Capitaine, & feize fols trois deniers à chaque Lieutenant.

Du 20. Avril 1744.
19

V.

GENDARMERIE.

LES compagnies des Gardes du Corps de Sa Majesté, outre le pain & le fourrage qui leur seront fournis, seront payées pendant qu'elles serviront en campagne, sur le pied par jour de quatre livres dix sols à chaque Lieutenant; trois livres à chaque Enseigne, trente sols à chaque Exempt & Aide-major, vingt sols à chaque Brigadier, dix-sept sols six deniers à chaque Sous-brigadier, quinze sols à chaque Garde, Trompette & Timbalier, quarante sols à chaque Aumônier, & vingt sols à chaque Chirurgien.

GARDES-DU-CORPS DU ROY.

La compagnie des Grenadiers à cheval de Sa Majesté, de cent cinquante Grenadiers, outre le pain & le fourrage qui lui seront fournis, sera payée sur le pied par jour de vingt-sept sols au Capitaine-lieutenant, dix-huit sols à chacun des trois Lieutenans, treize sols six deniers à chacun des trois Sous-lieutenans, neuf sols à chacun des trois Maréchaux-des-logis, sept sols à chacun des six Sergens; pareils sept sols à chacun des trois Brigadiers, & six Sous-brigadiers, six sols à chacun des six Appointés & au Porte-étendard, cinq sols six deniers à chacun des cent vingt-quatre Grenadiers & quatre Tambours, & quarante sols à l'Aumônier.

GRENADIERS A CHEVAL.

La Cornette de chacune des compagnies de Gendarmes & de Chevaux-légers de la garde de Sa Majesté, outre le pain & le fourrage qui lui seront fournis, sera payée sur le pied par jour de quinze sols à chaque Brigadier, Sous-brigadier, Gendarme, Chevau-léger, Trompette & Timbalier, vingt sols à l'Aumônier, & dix sols à chacun des petits Officiers de chaque compagnie servant à ladite Cornette; les Officiers desdites compagnies continueront à être payez avec le guet, de leurs appointemens ordinaires.

GENDARMES & CHEVAUX-LÉGERS DE LA GARDE DU ROY.

Les détachemens des deux compagnies des Mousquetaires, outre le pain & le fourrage qui leur seront fournis,

MOUSQUE-TAIRES

E ij

<table>
<tr><td>DE LA GARDE
DU ROY.</td><td>seront payez sur le pied par jour, de vingt-trois sols à chaque Brigadier, dix-neuf sols à chaque Sous-brigadier, quinze sols à chaque Mousquetaire, vingt sols à l'Aumônier, douze sols à chaque Tambour, Chirurgien, Apothicaire, Fourrier, Sellier & Maréchal-ferrant, & cinquante sols à chaque Joueur de hautbois; Sa Majesté faisant payer d'ailleurs les Officiers de ces compagnies qui commandent lesdits détachemens.</td></tr>
</table>

GENDARMERIE.
Grands Officiers
des compagnies
de Gendarmes.

Les Grands Officiers des dix compagnies de Gendarmes de la Gendarmerie, continueront à être payez suivant les états que Sa Majesté fera expédier, & les Maréchaux-deslogis, Brigadiers, Sous-brigadiers, Porte-étendards, Gendarmes, Trompettes & Timbaliers, sur le même pied de ceux des compagnies de Chevaux-légers, ainsi qu'il est ci-après expliqué.

Compagnies de
Chevaux-légers.

Chacune des six compagnies de Chevaux-légers de ladite Gendarmerie, composée d'un Capitaine-lieutenant, un Sous-lieutenant, deux Cornettes, quatre Maréchaux-des-logis, deux Brigadiers, deux Sous-brigadiers, un Porte-étendard, soixante-dix Chevaux-légers & deux Trompettes, outre le pain & le fourrage qui lui seront fournis, sera payée sur le pied par jour de quarante-cinq sols au Capitaine-lieutenant, dix-huit sols au Sous-lieutenant, treize sols six deniers à chaque Cornette, neuf sols à chaque Maréchal-des-logis, six sols à chaque Brigadier & Sous-brigadier, cinq sols au Porte-étendard, quatre sols six deniers à chaque Chevau-léger, & cinq sols six deniers à chaque Trompette.

Aumôniers
& Timbaliers.

Il sera payé aussi par jour cinq sols six deniers à chacun des huit Timbaliers entretenus dans les huit premières compagnies, & trente sols à chacun des deux Aumôniers qui sont avec lesdites compagnies de Gendarmes & de Chevaux-légers.

Etat-major.

Les Officiers de l'Etat-major de ladite Gendarmerie, étant payez de leurs appointemens à l'Ordinaire des guerres, il n'en sera point fait ici mention.

VI.

Du 20. Avril 1744.

V I.

CAVALERIE, CARABINIERS, HUSSARDS
ET DRAGONS.

CHAQUE compagnie des régimens de Cavalerie françoife fervant dans les armées, compofée de trente-cinq Maîtres, fera payée fur le pied par jour de dix-huit fols au Capitaine, douze fols au Lieutenant, fix fols au Maréchal-des-logis, trois fols fix deniers à chacun des deux Brigadiers, & trois fols à chacun des trente-trois Cavaliers, y compris le Trompette & le Timbalier où il doit y en avoir.

CAVALERIE. Compagnies.

Le Sous-lieutenant qui eft dans la compagnie Colonelle du régiment du Colonel-général de la Cavalerie, le Cornette blanc qui eft dans ladite compagnie, & le Cornette qui eft en chacune des compagnies Meftre-de-camp des régimens du Meftre-de-camp-général & du Commiffaire-général de la Cavalerie, recevront, fçavoir, le Sous-lieutenant douze fols par jour, le Cornette blanc & chacun des deux autres, neuf fols auffi par jour.

Sous-lieutenant & Cornettes dans la compagnie du Colonel général, & dans celles des Meftrede-Camp général & Commiffaire général de la Cavalerie.

Les deux Cornettes avec appointemens, que Sa Majefté a confervez par efcadron en chacun des régimens de fes troupes de Cavalerie françoife, & les deux cens quatre-vingt-huit Cornettes établis dans pareil nombre de compagnies mifes fur pied par les ordonnances du 16. décembre 1742. & premier juillet 1743. feront payez en campagne fur le pied de neuf fols chacun par jour.

Cornettes de Cavalerie françoife.

Il fera payé pour l'Etat-major de chacun defdits régimens de Cavalerie françoife, dix-huit fols par jour au Meftre-de-camp, douze fols au Lieutenant-colonel, outre leurs appointemens de Capitaine, dix-huit fols au Major, douze fols à l'Aide-major, & neuf fols à chacun des Aumônier & Chirurgien.

E'tat-major de Cavalerie françoife.

Chacun des Officiers réformez qui fervent à la fuite defdits régimens, fera payé fur le pied par jour de trente-cinq fols au Meftre-de-camp, vingt-cinq fols au Lieutenant-

Officiers réformez.

F

colonel, quinze fols au Capitaine, & dix fols au Lieutenant réformé.

CARABINIERS.
Compagnies.

Chacune des quarante compagnies de trente-cinq Maîtres, qui compofent les cinq brigades du régiment Royal-des-Carabiniers, fera payée fur le pied par jour de vingt-deux fols au Capitaine, quinze fols au Lieutenant, huit fols au Maréchal-des-logis, quatre fols fix deniers à chacun des deux Brigadiers, & quatre fols à chacun des trente-trois Carabiniers, compris le Trompette & le Timbalier où il doit y en avoir.

Cornettes.

Les vingt Cornettes avec appointemens, que Sa Majefté a confervez dans lefdites cinq brigades, feront payez fur le pied de douze fols à chacun par jour.

E'tat-major.

L'Etat-major dudit régiment fera payé fur le pied de vingt-deux fols par jour pour les appointemens de Monfieur le Prince de Dombes Meftre-de-camp-lieutenant, pareils vingt-deux fols pour chacun des Meftres-de-camp qui fervent fous lui à la tête des cinq brigades dudit régiment, outre leurs apointemens de Capitaine, quatorze fols à chaque Lieutenant-colonel, auffi outre l'appointement de Capitaine, vingt-deux fols à chaque Major, quinze fols à chaque Aide-major, & dix fols à chaque Aumônier & Chirurgien.

FILTZJAMES.
Compagnies.

Chacune des feize compagnies de trente-cinq Maîtres du régiment de Cavalerie Irlandoife de Filzjames, fera payée fur le pied par jour de cinquante fols au Capitaine, vingt-cinq fols au Lieutenant, treize fols quatre deniers au Maréchal-des-logis, quatre fols à chacun des deux Brigadiers, & trois fols fix deniers à chacun des trente-trois Cavaliers, compris le Trompette & le Timbalier où il doit y en avoir.

Cornettes.

Les deux Cornettes avec appointemens, que Sa Majefté a confervez en chacun des trois anciens efcadrons dudit régiment, & les quatre établis dans pareil nombre de compagnies mifes fur pied par l'ordonnance du premier juillet 1743. feront payez fur le pied de dix-huit fols neuf deniers chacun par jour.

E'tat-major.

L'Etat-major dudit régiment fera payé fur le pied par

jour de vingt-deux ſols trois deniers au Meſtre-de-camp ;
ſeize ſols huit deniers au Lieutenant-colonel, outre leurs
appointemens de Capitaine ; trois livres au Major, trente
ſols à l'Aide-major, quinze ſols à l'Aumônier, & ſept ſols
au Chirurgien.

Les Officiers réformez qui ſervent à la ſuite dudit régi- *Officiers*
ment, feront payez ſur le pied par jour de trois livres un *réformez.*
ſol à chaque Meſtre-de-camp, cinquante-huit ſols quatre
deniers à chaque Lieutenant-colonel, quarante ſols à
chaque Capitaine, & dix-neuf ſols ſix deniers à chaque
Lieutenant réformé.

Chacune des ſeize compagnies du régiment Royal- *ROYAL-*
Allemand, compoſée de trente-cinq Maîtres, ſera payée *ALLEMAND.*
ſur le pied par jour de trois livres au Capitaine, trente *Compagnies.*
ſols au Lieutenant, quinze ſols au Maréchal-des-logis ;
quatre ſols ſix deniers à chacun des trois Brigadiers, & trois
ſols ſix deniers à chacun des trente-deux Cavaliers, y compris les Cadets, Trompettes & Timbalier : il ſera de plus
payé ſix deniers par jour à chaque Cadet qui paſſera en *Cadets.*
revûe dans le nombre deſdits Cavaliers, ſur le certificat du
Commandant du régiment.

L'Etat-major dudit régiment ſera payé ſur le pied par *E'tat-major.*
jour, de trois livres ſix ſols huit deniers au Meſtre-de-
camp, cinquante ſols à chacun des deux Lieutenans-colonels, outre leurs appointemens de Capitaine, quatre
livres trois ſols quatre deniers à chacun des deux Majors,
vingt-ſix ſols huit deniers à chacun des deux Aide-majors,
treize ſols quatre deniers au Maréchal-des-logis, ſeize
ſols huit deniers au Prévôt, treize ſols quatre deniers à
ſon Lieutenant, dix ſols au Greffier, treize ſols quatre deniers à chacun des Aumônier & Chirurgien, & ſept ſols
ſix deniers à chacun des quatre archers & un exécuteur de
juſtice.

Il ſera payé aux Officiers réformez ſervant à la ſuite *Officiers*
dudit régiment, trois livres par jour à chaque Meſtre-de- *réformez.*
camp & Lieutenant-colonel, trente ſols à chaque Capitaine,
& quatorze ſols à chaque Lieutenant.

F ij

ROSEN.
Compagnies.

Chacune des seize compagnies du régiment de Cavalerie allemande de Rosen, composée de trente-cinq Maîtres, sera payée sur le pied par jour de trois livres au Capitaine, trente sols au Lieutenant, treize sols quatre deniers au Maréchal-des-logis, quatre sols à chacun des deux Brigadiers, & trois sols six deniers à chacun des trente-trois Cavaliers, compris le Trompette & le Timbalier.

E'tat-major.

L'E'tat-major dudit régiment, sera payé sur le pied par jour de trois livres six sols huit deniers au Mestre-de-camp, quarante sols au Lieutenant-colonel, outre leurs appointemens de Capitaine, cinq livres dix sols au Major, trois livres à l'Aide-major, treize sols quatre deniers à chacun des Aumônier, Chirurgien & Auditeur, & sept sols six deniers à chacun des Greffier, trois archers & un exécuteur.

Officiers réformez.

Les Officiers réformez servant à la suite dudit régiment, seront payez sur le même pied de ceux qui sont à la suite du régiment Royal-Allemand.

Cornettes des régimens Royal-Allemand & Rosen.

Les deux Cornettes avec appointemens, que Sa Majesté a conservez par escadron en chacun des régimens Royal-Allemand & de Rosen, & les huit établis dans pareil nombre de compagnies mises sur pied par ordonnances des 16. décembre 1742. & premier juillet 1743. seront payez sur le pied de vingt-deux sols six deniers chacun par jour.

RÉGIMENS de HUSSARDS de BERCHINY, DAVID, d'APREMONT-LINDEN, BEAUSOBRE, ROUGRAVE & POLLERECZKY.

Chaque compagnie des régimens Hussards de Berchiny, David, d'Apremont-Linden, de Beausobre, de Rougrave & de Pollereczky, composée de cinquante Maîtres, sera payée sur le pied par jour, de trois livres au Capitaine, trente sols au Lieutenant, vingt-deux sols six deniers au Cornette, treize sols quatre deniers au Maréchal-des-logis, quatre sols six deniers à chacun des trois Brigadiers, & trois sols six deniers à chacun des quarante-sept Hussards, compris le Trompette & le Timbalier.

E'tat-major.

L'E'tat-major de chacun desdits régimens, sera payé sur le pied par jour, de trente-trois sols quatre deniers au Mestre-de-camp, vingt sols au Lieutenant-colonel,

outre

Du 20. Avril 1744.
25

outre leurs appointemens de Capitaine, quatre livres cinq
fols au Major, trente fols à l'Aide-major, & neuf fols à
chacun des Aumônier & Chirurgien.

Les Officiers réformez entretenus à la fuite defdits
régimens, recevront le même traitement que ceux du
régiment Royal-Allemand.

Officiers réformez.

Les compagnies des régimens de Dragons, compofées
de cinquante hommes chacune, feront payées, étant en
campagne, fur le pied par jour de quinze fols au Capitaine, dix fols au Lieutenant, fix fols au Cornette, cinq
fols au Maréchal-des-logis, trois fols à chaque Brigadier,
& deux fols fix deniers à chaque Dragon & Tambour.

DRAGONS.
Compagnies.

Le fecond Lieutenant, le Sous-lieutenant & le Cornette, entretenus dans la compagnie générale du régiment du Colonel général des Dragons, & le fecond
Lieutenant & le Cornette qui font dans la compagnie
Meftre-de-camp du régiment du Meftre-de-camp général
des Dragons, feront payez fur le pied par jour de dix fols
à chaque fecond Lieutenant, huit fols au Sous-lieutenant,
& fix fols à chaque Cornette : Entendant Sa Majefté que
les charges de fecond Lieutenant dans lefdites compagnies,
ne foient point remplacées lorfqu'elles viendront à vaquer.

Seconds Lieu-
tenans, Sous-
lieutenans &
Cornettes, dans
les compagnies
générale &
Meftre-de-camp
général des
Dragons.

L'Etat-major defdits régimens de Dragons, fera payé
fur le pied par jour de trois livres quinze fols au Meftre-
de-camp, outre fes appointemens de Capitaine, quinze
fols au Major, dix fols à l'Aide-major, & neuf fols à l'Aumônier.

E'tat-major.

Les Officiers réformez qui fervent à la fuite des régimens
de Dragons, feront payez fur le pied par jour de trente-
cinq fols au Meftre-de-camp, vingt-cinq fols au Lieutenant-
colonel, douze fols au Capitaine, & huit fols au Lieutenant.

Officiers réfor-
mez de Dragons.

Chacune des compagnies franches de Dragons de
Limoges, de Mandres, la Croix, Godernaux, Jacob &
Galhau, compofées de cent cinquante Dragons montez,
continuera de recevoir la folde réglée pour lefdites compagnies franches de Dragons, par l'ordonnance du premier novembre 1743. fur laquelle il fera retenu deux fols

COMPAGNIES
FRANCHES
de DRAGONS.
Compagnies
de Limoges,
Mandres, la
Croix, Goder-
naux, Jacob
& Galhau.

G

pour chaque ration de pain fournie aux Brigadiers, Dragons & Tambours feulement, les Officiers n'en devant point avoir, fi ce n'eſt en le payant au prix de Sa Majeſté.

Compagnie franche de Dragons de Sinceny. La compagnie franche de Sinceny, compoſée de quatre-vingt Dragons montez, continuera pareillement de recevoir la folde qui lui eſt réglée par ladite ordonnance du premier novembre 1743. ſur laquelle il ſera auſſi retenu deux ſols pour chaque ration de pain fournie aux Brigadiers, Dragons & Tambours feulement, les Officiers n'en devant point avoir, fi ce n'eſt en le payant au prix de Sa Majeſté.

Officiers réformez des compagnies franches de Dragons. A l'égard des Officiers réformez qui ſont entretenus à la ſuite deſdites compagnies, ou qui pourront l'être à l'avenir, ils ſeront pareillement payez ſur le pied réglé par ladite ordonnance du premier novembre 1743. en paſſant préſens aux revûes des Commiſſaires ordinaires des guerres.

Pour le payement de la ſolde, ſans aucune retenue pendant la campagne. L'intention de Sa Majeſté eſt que ce qui eſt ci-deſſus réglé pour les Gardes, Gendarmes, Chevaux-légers, Mouſquetaires & Grenadiers à cheval, & pour les Sergens, Soldats, Gendarmes & Chevaux-légers de la Gendarmerie, Cavaliers, Carabiniers, Huſſards & Dragons des troupes, tant françoiſes qu'étrangères, pendant qu'elles ſe trouveront en campagne, leur ſoit entièrement payé, ſans que les Capitaines puiſſent en rien retenir, ſous quelque prétexte que ce puiſſe être.

Pour le traitement des troupes dans les garniſons, pendant la campagne. Comme quelques-uns des régimens qui ſervent dans les armées, pourroient demeurer dans des places pendant une partie de la campagne, Sa Majeſté entend qu'ils y ſoient payez de leur ſolde d'hiver en conformité de l'ordonnance du premier novembre 1743. que le pain ſoit fourni aux Sergens, Soldats, Cavaliers, Carabiniers, Huſſards, Dragons, Tambours, Trompettes & Timbaliers, & qu'il ſoit retenu deux ſols ſur leur ſolde, pour chaque ration.

VIANDE. La viande ſera fournie ſur le pied d'une demi-livre par jour, à l'exception des vendredis, aux Sergens, Soldats,

Du 20. Avril 1744.

27

& Tambours de l'Infanterie françoife, fans aucune retenue fur la folde de campagne.

Elle fera pareillement fournie aux Sergens & Soldats
de l'Infanterie étrangère, & aux Brigadiers, Cavaliers,
Carabiniers, Huffards, Dragons, Tambours, Trompettes
& Timbaliers : mais il fera retenu pour chaque livre de
viande, deux fols onze deniers fur la folde de l'Infanterie
étrangère, & trois fols cinq deniers fur celle de la Cavalerie, des Carabiniers, Huffards & Dragons.

Sa Majefté ayant fait retenir fur l'uftenfile des régimens
qui en ont eu le quartier d'hiver dernier, cent cinquante
livres à chaque Capitaine d'Infanterie, l'uftenfile entier
à chaque Capitaine en fecond des bataillons du régiment
Royal-Artillerie, & à chaque Lieutenant, Sous-lieutenant
ou Enfeigne, & deux fols pour chaque Gendarme &
Chevau-léger de la Gendarmerie, & pour chaque Carabinier, Cavalier, Huffard & Dragon, qui doivent leur
être diftribuez pendant la campagne, fon intention eft
que lefdites fommes leur foient remifes, fçavoir, pour
l'Infanterie, au Capitaine trente livres par chacun des
mois de juin, juillet, août, feptembre & octobre : &
l'uftenfile entier des Capitaines en fecond, Lieutenans,
Sous-lieutenans ou Enfeignes, leur fera payé par portion
égale, par chacun des mois de mai, juin, juillet, août,
feptembre & octobre, fur un état particulier dreffé par
les Commiffaires des guerres, après chaque revûe de campagne, à ceux qui étant pourvus defdites charges, y
auront paffé préfens.

Uftenfile des Capitaines & Officiers fubalternes de l'Infanterie, pendant la campagne.

Et pour les deux fols de retenue par jour pendant les
cent cinquante jours du quartier d'hiver, fur la place
d'uftenfile de chaque Gendarme & Chevau-léger de la
Gendarmerie, & de chaque Carabinier, Cavalier, Huffard
& Dragon, faifant la fomme de quinze livres, Sa Majefté
ordonne qu'elle foit diftribuée manuellement par le
Major ou Aide-major de la Gendarmerie & de chaque
régiment, aux Gendarmes, Chevaux-légers, Carabiniers,
Cavaliers, Huffards & Dragons, fur le pied d'un écu de

E'cu de campagne.

G ij

foixante fols, par chacun des mois de mai, juin, juillet, août & feptembre, même à ceux des régimens qui ayant reçu le quartier d'hiver, refteroient dans, les garnifons pendant la campagne ; fans que lefdits Officiers-majors puiffent s'en difpenfer pour quelque raifon que ce foit, à peine d'être privez de leurs charges : au moyen de quoi lefdits Carabiniers, Cavaliers, Huffards & Dragons feront obligez de s'entretenir de linge, culotte, de bas & de fouliers, & d'entretenir leurs chevaux de ferrage, de tenir leurs armes nettes & d'y faire les menues reparations, en forte qu'elles foient en bon état : Entendant Sa Majefté que fi ces armes venoient à être en un état à ne pouvoir plus fervir, fans que ce foit par la faute du Cavalier ou du Dragon, qu'il foit néceffaire de les changer, le Capitaine en faffe la dépenfe, & qu'au furplus chaque Capitaine entretienne chaque Carabinier, Cavalier, Huffard & Dragon, de cheval, houffe, felle, harnois, bride, habillement, manteau, chapeau, bottes & armes.

MANDE & ordonne Sa Majefté aux Gouverneurs & fes Lieutenans généraux dans fes provinces, aux Commandans en chef, & aux Lieutenans généraux dans fes armées, aux Maréchaux-de-camp ayant le commandement fur fes troupes, aux Gouverneurs de fes villes & places, & à ceux qui y commandent, aux Intendans de fes armées, dans les provinces & fur les frontières, aux Directeurs & Infpecteurs généraux de fes troupes, aux Commiffaires des guerres, & à tous autres fes Officiers qu'il appartiendra, de tenir la main à l'exécution de la préfente. FAIT à Verfailles le vingt avril mil fept cens quarante-quatre. *Signé* LOUIS. *Et plus bas,* M. P. DE VOYER D'ARGENSON.

A PARIS, DE L'IMPRIMERIE ROYALE. 1744.